Novos Poemas

Carlos Vogt

Novos Poemas

Ateliê Editorial

Copyright © 2016 Carlos Vogt

Direitos reservados e protegidos pela Lei 9.610 de 19 de fevereiro de 1998.
É proibida a reprodução total ou parcial sem autorização,
por escrito, da editora.

Dados Internacionais de Catalogação na Publicação (CIP)
(Câmara Brasileira do Livro, SP, Brasil)

Vogt, Carlos
 Novos Poemas / Carlos Vogt. – Cotia, SP:
Ateliê Editorial, 2016.

 ISBN 978-85-7480-747-8

 1. Poesia brasileira I. Título.

16-06618   CDD-869.1

Índices para catálogo sistemático:
1. Poesia: Literatura brasileira   869.1

Direitos reservados à
Ateliê Editorial
Estrada da Aldeia de Carapicuíba, 897
06709-300 – Cotia – SP
Tels.: (11) 4612-9666 / 4702-5915
www.atelie.com.br
contato@atelie.com.br

Printed in Brazil 2016
Foi feito depósito legal

Sumário

Nota 13

BANDEIROLAS

Utopia 17

Vinheta 18

Bandeirolas 19

Geometria 21

PoeTics 22

Enfeites 23

Tabuleiro 25

Do Amor em Dobro 26

Provérbios 27

Babel 28

Breviário 29

Iluminismo 30

Poemarketing 31

Corolário 32

Rotina 33

Arrevesamento 34

Parreiral 35

Plano de Rota 36

Máscaras 37

Claro/Escuro 38

Vazio. 39

Galateo 40

Traições. 42

Do Amor Cativo 43

No Palco. 44

Do Amor Andante 45

Jogos Inúteis 46

Júbilo 47

Jornada Sentimental .48

Bolero. 49

Lógica Poética 50

Letra Livre. 51

Eras. 52

O Arquiteto, a Cidade e o Poeta 53

Novo Mandamento 56

Palavra de Poeta. 57

BOLINHOS DE CHUVA

Casa Verde 63

Idade Média 64

Quincas Borba Revisitado 65

País do Futebol 66

Bolinhos de Chuva 67

Lembrete. 68

Lição de Autonomia. .69

Consolo 70

Parlenda 71

Convivência 72

Questionário 73

Saco sem Fundo. 74

Playtime 75

Círculo Afetuoso 76

Meio Ambiente 77

Redondil. 78

Mentirinha 79

No Ponto 80

Parlenda II 81

Registro 82

Amor Bandido 83

Corrupio. 84

Placebo 85

Siameses 86

Trovinha 87

Acento 88

Soleira. 89

Planeta 90

Estação Pró-verbo 91

Ética. 92

Expertise 93

Mal du Jour 94

Identidade II 95

Fogão de Lenha 96

Wishful Thinking 97

Pô! 98

DEDO DE MOÇA

Humanimalismo 101

Dúvida Unânime 102

Alhos e Bugalhos 103

Poética Também 104

Torcicolo 105

Patafísica 106

Lavoisier Revisitado 107

Humanitas 108

Gramatiquinha 109

Forma e Substância 110

Aviso 111

Singularidade 112

Peleja 113

Casuística 114

Roda da Fortuna 115

Galeria 116

Segurança 117

Linear 118

Afinação 119

Figuração do Tempo 120

Divã 121

Gravidade 122

Dedo de Moça 123

Fantasminha Camarada 124

Do Amor Contrário 125

Clichês 126

Happy Hour 127

Compromisso 128

Arranjo Floral 129

Meio a Meio 130

Expedição 131

Cantiga de Acordar 132

Dernier Cri 133

Nota

Novos Poemas reúne três pequenas coletâneas: "Bandeirolas", "Bolinhos de Chuva" e "Dedo de Moça". Das três as duas primeiras não tinham aparecido em livro e a terceira foi publicada em 2011, numa edição artesanal encantadora do selo editorial Sereia Ca(n)tadora. No mais, todos os poemas que integram o livro foram aparecendo na revista eletrônica *Comciência* <http://www.comciencia.br/comciencia//> e sendo recolhidos em meu sítio de poesia Cantografia <http://www.cantografia.com.br/>.

Por isso os poemas, embora novos pela roupagem nova que a forma do livro lhes dá, desconfiados da novidade de si mesmos, chamam-se novos por terem vindo só depois.

O leitor que achá-los velhos também terá razão se a perspectiva da leitura for para mais depois do depois em que estão.

De qualquer modo são *Novos Poemas* postos assim em livro para decantação.

Neles, quanto ao conteúdo, há poemas falando do poema, há os que falam dos outros para falar de si mesmos, há os que falam das coisas e dos seres que habitam a afetividade, mesmo que irônica, de nosso presente e o presente de nossas lembranças, há os abstratos e os concretos, postos sob a geometria rítmica do verso, há o reverso das expectativas de vida no foco da lanterna de popa do barco das derivações, há quem vai e quem fica na orfandade de permanecer, há a alegria da permanência e a permanente desconfiança de que a árvore do conhecimento não seja a árvore da vida.

Quanto à forma, os poemas são curtos e são longos como um mecanismo que aciona o espetáculo para exibir a simplicidade, fazendo dialogar, por contraposição e complementaridade, a retórica poética, a poesia retórica, e a poesia só. Com suas sombras.

BANDEIROLAS

Utopia

Velhicidade.

Vinheta

Mães
batiam no
futuro para
corrigir o
desconhecido

Bandeirolas

Não conte, porque sentirá saudade,
não do contado,
mas das pessoas, eventos, coisas, acontecimentos
que, mesmo não acontecidos,
passam a ter sido,
como de fato.

Não conte, ou se contar ficará magoado
pelo que amamos, desamamos,
gratos ou feridos no desejo
de voltar à casa à que não há retorno,
dela sair a cada dia novo,
e entrar na noite sem sair do dia.

Não conte o tempo com a unidade de medida
do desencantamento,
nem se preocupe pelos vazios
no contínuo da plenitude adentro.

O tempo corre contra e a favor do tempo,
tecendo cedo e tarde como se um prenúncio

fizesse desaparecer do encontro,
que deve acontecer no tempo,
aqueles que se encontrariam para confirmar
que, se nada é novo senão pelo esquecimento,
o tempo em si sempre rejuvenesce
fora de si não muda, mas no que muda
ele envelhece,
folga estendido como lençóis de chuva
secando ao vento nos varais do tempo.

Geometria

O ponto é o nó do compasso
no giro aberto para a periferia
fecha e amplia a expansão do espaço
na continuidade discreta entre o fora e o dentro
como a noite alterna e continua o dia
desata e prende o movimento ao centro

PoeTics

Fazer o poema
como quem desfaz um braseiro
ausente
digitar o rascunho do passado
como passageiro
catar palavras como quem recolhe
vestígios do presente

Enfeites

Não havendo como deixar a luz
de iluminar o acaso da incidência,
decidiu-se a própria luz,
por força da clareza de propósitos
do fado de sua obstinação,
focar a falha, o vazio, a substantividade da ausência,
e foi como se o nada procurado fosse pedra,
fluida, é verdade, mas pedra de cristal corrente
nos vazios que a pedra faz quando,
destruída a própria fortaleza,
deixa do existido um rastro distraído
de pedra sobre pedra.

Nem era a catástrofe, tampouco a reconstrução,
só um intervalo de matéria indistinta,
distinguindo estados cambaleantes
do objeto equilibrado entre o fluxo e o crepúsculo
como ponte que se lança do instante à duração.

Não havendo como negar a persistência da busca
inconsolada pelo desfecho incerto,

o admirável esforço de cercar a fera
resulta quase sempre quase nulo,
se a perda de tempo de prender o tempo
na malha da razão da eternidade
não esmerasse o tempo em solidão de acertos,
não detivesse a fuga com a ilusão de muros.

O circo dos besouros voa e ilumina o sonho da aterrizagem,
como a luz do bairro próximo de longe se vê mais tarde
o brilho das linhas de ruas que obscurece a paisagem,
como uma cidade não voa e se move
no ritmo de ser cidade.

Tabuleiro

Fora do jogo
não há como
jogar fora

Do Amor em Dobro

O amor é passageiro, viaja com o tempo,
Na busca de si mesmo alterna sua rota,
Sempre que se distancia, fica lento,
Finge desistência, escapa da derrota.

No confronto entre a fuga e o amalgamento,
O amor se esquiva do prêmio e da chacota,
Entrega-se ao inimigo e ao amotinamento
Com a seriedade esnobe de uma cambalhota.

Não me admirei ao ouvir o que disse quando partiu,
Nem me surpreendi com o aceno de adeus eventual,
Que ao pôr no ar seu desprezo inviolável e sutil,

Como o aroma de romã aberta no quintal,
Antecipou na lembrança a certeza juvenil
De que o bem do amor é bom se não está de mal.

Provérbios

Ponha uma pedra no coração
e ele será um coração de pedra
cheio do vício de amolecer sozinho
na água dura da constância
de ser pedra que a água fura
pedra amolecida que a onda-gota bate
e vaza e traspassa no orifício
que escorre a pedra em água pura

Babel

Para construir o silêncio
tijolos de palavras
um aviso
e argamassas de intenção

Para quebrá-lo
o martelo do improviso
num desaviso de mão

Breviário

Arte e vida
se imitam se
limitam a vida
é intensa e curta a arte
longa e intensa sob modos
diferentes: a vida
não tem intenção nenhuma
a arte
sem intenção
tem a intenção de não ter
intenção alguma

Iluminismo

Deixando de lado
o lado obscuro
da questão
ficam os claros
a serem preenchidos
com o trânsito
da lua
dos postes esclarecidos
ao escuro da paixão

Poemarketing

No começo era
o Ótimo
depois
com a chegada
do Bom
o ótimo virou
inimigo
da perfeição

Corolário

Reflita bem
se a pena apaga
não se apegue
não desperdice o tempo
que em refletir se perde

Rotina

Sou um poeta descuidado,
aceito a inspiração do acaso,
leio o mistério como recado,
em papel de pão ou em papel de vaso.

Ando sozinho, mas vivo ligado
nas muitas contas de que perco o prazo,
sob suspeita de que para ser poupado
o deve-haver deve avançar no atraso.

Sou reincidente da monotonia
de sempre perseguir a novidade
apta a descobrir se não sabia

a clara manhã que a claridade,
em vez de anunciar um novo dia,
repete a mesma luz pela cidade.

Arrevesamento

A verticalidade
vertiginosa
da poesia mergulha
o cotidiano da novidade
no esquecimento
da atualidade
horizontal da prosa

Parreiral

Por ninguém jamais troquei o amor trocado
em miúdos, que era grande, assim pensava,
enquanto pela noite sozinho caminhava
em direção ao dia novo e já passado.

Não havia nem mal, nem bem acabrunhado
amor não havia que vindo não passava
com o vinho do constrangimento que o libertava
de amar demais sem ser amado.

Com o tempo as parreiras brotaram e as uvas
entraram por jornadas de mudanças
ao sol dos dias em que não havia chuvas;

no ar flanavam ferocidades mansas,
um vento persistente desenhando curvas
numa geografia plana de lembranças.

Plano de Rota

O pulo do sapo
risca em arco
a compreensão
– entre os pontos
de sair e de chegar –
de que o trajeto é vazio
das contradições substantivas
que dão forma à duração
e cheio das ausências
de (não) ter sido andado

Máscaras

Com a convicção de ser impossível
fazer não existir o já acontecido,
voltei para trocar, à sombra do abrigo,
a dúvida pelo incerto, o certo pelo incrível.

Embora em linha reta, em semelhante nível
aos que avançam ao redor do próprio umbigo,
aproximei-me da cidade, da casa, do tempo perdido,
com o zelo da entrega de um segredo invisível.

Nenhum dos movimentos foi mais eficaz
que o da volta inútil ao amor primeiro:
não mostrou as caras, por isso foi sagaz,

apresentou-se como amigo mensageiro,
embrulhou de eterno o que era só fugaz,
disfarçou de falso o que era verdadeiro.

Claro/Escuro

O poema tem muitas faces
além das que se revelam
escondidas

Assim o amor tem intimidades
que se escondem à sombra da luz
de nossas vidas

Vazio

Tudo é tão grande
que nada pequeno
cabe nessa imensidão

Galateo

Se distante o amor tem estranhezas,
de perto o amor brinca com o instante,
cria a ilusão de que a vida tem certezas
de que o que passa se reencontra no horizonte.

Do que alcançam as dúvidas acesas,
a água não impede o ímpeto da ponte
que liga a imagem de antigas belezas
à erosão da margem de um rio vascilante.

Por desejar o amor ser mais que afeto,
rompe ruidoso a resposta do silêncio
com a eloquência de um olhar maroto,
a elegância de um furtivo gesto
de cortesia, como quem dispara
balas de festim para assustar o incerto.

Desejoso o amor de ser constante,
esconde a intermitência de seus erros,
jogando com um, contra outro amante,

como se o acaso necessitasse os zelos
do amador profissional já desarmado
pela surpresa de que o mal destila o fel do bem da vida,
separa da realidade a pessoa imaginada,
e nela, o lance dos contrários que, juntos, lado a lado,
confundem, em ledo engano, o amor, quem ama e a coisa amada.

Traições

Não há tradução poética
há traduções de poetas
que resultam ou não
em poemas traduzidos
de poemas

Sendo o contrário
verdadeiro
falso
implausível
verossímil
o poema
também traduz
poetas em poetas
e tece a arquitetura da poesia

Do Amor Cativo

Não vi em seus olhos o tema de segredos,
por mais que perscrutasse com a lupa dos ciúmes,
só o que vislumbrei por vales e por cumes
foi a insinuação de histórias, outros enredos.

Pedi-lhe a derrubada dos tapumes
que cercam a obra planejada de seus medos,
ao cabo de viagens, revoltas e degredos,
voltei capturado na rede de costumes.

Por você não pude libertar-me do engano
de achar-me, prisioneiro, em liberdade,
achando superado todo o dano,

que o amor produz, com lealdade,
naqueles em que planta, soberano,
a sua doce e ardente hostilidade.

No Palco

A vida é o que é
a arte
de ser e não ser
o que não é

Do Amor Andante

O amor não passa, finta o esquecimento,
protela a hora e o dia da partida,
como se fosse um drible, uma investida,
para esticar a glória do momento.

Não passa o amor, mas finge passatempo,
e por brincar revela se escondida
a luz que é sombra, sorriso e despedida,
no gesto à porta que segura o tempo.

Ver-te distante confunde-me o desejo,
se o amor não eras o que seria então,
quando chegaste com a força de um lampejo,

que sim dizias, quando eu dizia não;
hoje se passas, sei que não te vejo,
e se te vejo, não passas de ilusão.

Jogos Inúteis

Se o que você não conhece
não existe
aumentando a existência
diminui o conhecimento?

Se o que existe
você conhece
aumentando o conhecimento
diminui a existência?

Se o que não existe
você não conhece
diminuindo a existência
aumenta o conhecimento?

Júbilo

Não se esqueça de que, ao nos encontrarmos,
Trocamos juras de amor para sempre e depois
Também soubemos que para amar-nos
Agora era preciso ser ímpar, sendo dois.

Juntos, na voz solene de "por serdes vós quem sois",
Professamos no cotidiano o culto de nos atarmos
Arrebatados, por felizes, por felicidade, pasmos,
À lembrança de um futuro sem projeção nem pois.

Na torrente dos dias que nunca passariam,
Passaram-se anos e anos de espera pelo dia
Em que na despedida triste todos riam,

Não do infortúnio da hora e do acontecimento,
Mas da forma em que se dera o fato, por mania,
De sermos um e indiferentes no mesmo esquecimento.

Jornada Sentimental

Sendo a beleza promessa de felicidade
e a certeza prometido engano
não há tampouco desilusão que não padeça
do mal de durar descontinuadamente
sempre
como o luar se alterna e permanece na viagem
que da janela do trem
refletido
contempla as árvores que piscam na intermitência da luz
e zombeteiro sonda o encantamento
do menino que desce a serra para conhecer o mar

Bolero

Abraça-me assim, esta noite preciso sentir
como nunca meu desejo encontrar
não quem amo e que está por aqui,
mas a mesma que amei e andava por lá

no país da infância, quando conheci
a confusa presença que me fez amar
uma ausência infinita também feita de ti
que em nós nos prendia para nos libertar.

Hoje, embarga a solidão minha amargura
de navegar, no exílio, fera lembrança
de como foi tranquila a loucura

de amar, constantes, nossa distância
e juntos, solidários, nos sentir sem cura
do mal que o amor na bondade alcança.

Lógica Poética

Pela lógica dos contrários
não há contradição
entre o que é genericamente sim
e o que não é particularmente não.
Por isso o sim não se opõe ao não
apenas na forma de sua negação,
pois, ao negar-lhe ou lhe ser negado
o predicado que o afirma e nega,
firma-se o contrário do contraditório
de sua afirmação.

Letra Livre

Não fosse assim e assim a vida fosse
assinatura anônima no livro de sonhos da razão
monstro reverso no avesso da retidão da linha
sintaxe de acasos descombinando sons
fala gorgulho encantamento em fios de esfera
livro solto na corredeira abaixo
a letra livre na tinta da entrelinha
drible do explícito que revelado esconde
a métrica do verso em prosa de cristais
as pernas tortas e as imagens em retortas
a escrita arada em terra árida
em cena paisagem escura silêncio de vitrais
a página branca a escrita à espreita
vigília paciente o sentido à espera
do leitor desavisado e ávido
da gula da leitura pronto
para no tropeço sucumbir ao texto
e cair com zelo em tentação.

Eras

Um dia
todos
nós
seremos
pós

O Arquiteto, a Cidade e o Poeta

Como arquitetar planos e não alturas,
fazer a casa ir sem novidade embora,
traçar a linha divisória da porta por-onde e da porta-contra,
juntar vazios que prometem vidas,
as ameaças em desconforto, fora?

É preciso no plano arquitetar o espaço
como se feito de um xadrez de ausências,
que rima oposições fora de compasso
e escala o tempo como um conta-gotas,
que pinga chuvas de concreto e aço.

Eu, sim, gosto da arquitetura nova,
mesmo quando gosto do poeta sem novidade
para dizer que tudo passa e tudo continua
no traço-muro que, se divide os quartos,
junta corredores para assombrar a rua.

A arquitetura do poema educa pela confissão da forma
quem nele vive, neste texto-casa,
vive à espreita, como em partitura,

do livro aberto feito dos silêncios
em que jaz a música para ser leitura.

Nada escapa à intenção do traço,
que por contornos delimita áreas,
que por extornos vão ficando aéreas,
plantam no chão novas geografias,
voam assentadas como doces feras.
Como o pedreiro, ao ajustar o prumo,
assenta as partes que farão do todo
parte outra vez de uma divisão do espaço
que ganha tempo pela permanência
do periódico no que é ilimitado.

A casa em que morou a nossa infância,
território desse país inexistente,
plena de paredes, labirintos e janelas,
revela sob a luz que as corta e queima
a nova paginação de histórias velhas.

Para o arquiteto-pedreiro-engenheiro-construtor
tornar o mundo justo, como lhe quer a poesia,
não é questão de justiça, nem de alegoria,
tampouco um compromisso retórico com a política;
torná-lo justo, dando-lhe justeza,
é considerar que o brutalismo,
que expõe de dentro a sua indústria em manufatura,

cozinha a forma como um depoimento
de que o pesado é leve,
o estendido é ponto,
o ágil é lento.

E a casa que com casas é texto e faz cidade,
não por acréscimo, soma, peças justapostas,
mas por sintaxe de insubordinação,
um dia, máquina de felicidade,
é um signo feito de concreto
que funde na matéria e na imagem
a cidade de fato com o fato de sua imaginação.

Novo Mandamento

O amor
é pecado
se não for
cometido

Palavra de Poeta

Há palavras que chovem — são enxurradas
como cristais correntes em ameaças de fluidez,
chovem caudais de serenidade nos impropérios
que vociferam formalidades de polidez.
São, em geral, palavras — grito, só que contido
na vestimenta sem-cerimônia do dia a dia,
dizem, parecem, são outra coisa, se não as mesmas,
fazem, ressurgem, fintam, atravessam,
vivem, se agitam, fingem-se estátuas de tropelia,
falam do tempo do foi-já-era
como um disfarce do era-já-foi-será-outra vez.

Palavras transparecem o mundo que em espelho refletem,
não como o espelho que exibe a segunda alma do refletido,
tampouco no espelho a segunda natureza
a quem faz falta a primeira
como o martírio apaixonado de um Narciso,
cujo reflexo instantâneo criasse a ilusão do real
aumentando no iludido a certeza da verdade
às vezes como coisa em si, outras como coisa e tal.

Há palavras que não dizem, antes indicam como dizer,
mostram, apontam, são gestos, dão o sentido,
são infelizes fora do curso que as próprias palavras
[tem de percorrer.
Não são palavras unívocas, inequívocas, centradas
em representar estados de coisas,
mas coisas apresentadas em estado de composição,
não são binárias, literais, explícitas, diretas,
são flechas para quem navega o sem rumo do discurso
e que em meio à imensa noite imprevisível do destino
adia suas esperanças para os portos de destinação.

Palavras que, tal a beleza, são promessas de felicidade,
confundem quem for usá-las com o uso que de si mesmas
[fazem,
são palavras recorrentes, dobradas sobre palavras,
tudo o que dizem do outro é pura cabotinagem,
sinceramente enganosas levam a buscar perfeição,
não no que dizem e confiam, mas no prazer da linguagem;
com tal zelo despistam quem se aproxima do que
[revelam e escondem
que o máximo do desvendamento é outro secreto desejo
de permanecer abrigadas à luz da revelação.

Não há palavras sem palavras para acompanhar-lhes
[a soberania
de serem só palavras remetidas umas às outras,

quando desfilam na imaginação dos rios do mundo
a corredeira das águas rasas, às vezes claras,
que atropelam as imagens à semelhança de um
                        [fazer-de-conta,
palavras travestidas em fatos disfarçados em correspondências
entre a superfície sonora e o conteúdo profundo;
palavras que esticam palavras como um puxa-puxa da infância,
que são ponte entre distâncias, distantes como um apelo,
não têm meio, fim, ou começo
só tem ponta e contraponto
como um conto, uma parlenda, um canto pranto de desterro.

Há palavras inverossímeis que não se parecem com nada,
por mais ditas que sejam, ocorrem sem compromisso,
mais parecem estranhas à língua a que pertencem
e que por pertencer lhe conferem, por natureza congênita,
a estranha familiaridade de serem reconhecidas e negadas.
Não são, contudo, expulsas, por mais esquisitas que sejam,
pois quanto mais diferentes, mais tem o ar de família,
são palavras poucas ou muitas – depende
de quem as achar quando lidas, escritas, ou inventadas;
não estão, em geral, disponíveis,
para encontros fortuitos em cada esquina da escrita,
tampouco para escrevê-las sem mais nem menos por isso,
palavras que não são palavras mas que parecem demais
e que, por serem, parecem coisas que existem na vida
desde que nela não existam, ou, se existem, sejam iguais.

Há palavras resistentes, duras, blindadas, fortes
por dentro e por fora secas
como a honestidade abrupta do silêncio,
palavras antes e depois do uso voltam à condição
                             [de forma acabada
e sendo tudo o que não são por significar o outro,
tudo o que são em si mesmas, além de sons,
tudo o que dizem — que é muito ou pouco —
                           [sobre o diferente
é simples exercício do pouco a pouco para voltar ao nada.

Palavras seguem palavras
de quem se ama não se ama mais
apesar das circunstâncias, palavras em monumento,
palavras que perdem e calam na garganta o lamento,
palavras iguais e diversas nas diferenças, iguais,
palavras contra e a favor do tempo,
palavras das horas mansas na mansidão dos quintais,
palavras que são lembranças que olham adiante sem ré,
palavras de rei com retorno
de gente que não volta atrás,
palavras que coçam a língua grudadas no céu-da-boca
como um bicho-de-pé,
palavras que silenciam o silêncio do vazio
enchem de assunto a conversa do ocupado vadio,
por mais palavras que haja para falar de palavras,
sobram palavras com asas que voam soltas ao vento.

BOLINHOS DE CHUVA

Casa Verde

Louco
tão louco
que se encerrou
numa vida
sã

Idade Média

Pantagruel
que tinha apetite pantagruélico
sabia também que os signos não matam
a fome
embora possam incomodar
quem deles desconfia
por substituírem as coisas que significam
como são
e as tornarem inalcançáveis
– quer dizer incomíveis –
pelo acesso de sua significação

Lição de Autonomia

Dê um laço no sapato
passe o cordão pelo fato
de que assim amarrado ao pé
forma com ele um conjunto
de pé calçado com pé

Consolo

O que parece
simples é
complicado

O que parece
complicado é
mais complicado
ainda

Parlenda

A ponte do rio
sem ponte
deságua as pontas
no maremonte

Convivência

Sempre que discutiam
– e discutiam sempre –,
acabavam,
por mania de velhos solitários,
que vivem há muito tempo juntos,
discordando no mesmo
ponto da concórdia:
– Foi você quem começou!

Questionário

— Como evitar o inevitável?
— Impossível!
— Como adiá-lo?
— Com sorte e astúcia!
— Como enfrentá-lo?
— Com resignação e desconfiança!

Saco Sem Fundo

Você sabia que
depois que sabe
mais quer saber
e menos sabe?

Playtime

Mais tarde
ninguém volta
cedo
que a hora
que se estende
inerte
entre a espera
a expectativa
e o medo
dura um minuto
e se finge
longa
e com este
engano
se diverte

Círculo Afetuoso

Saudades antes de tudo
mais
saudades de tudo
antes
saudades de tudo
mais

Meio Ambiente

Preciso urgente
com ou sem cartão
tomar
uma medida
protecionista
para preservar
à vista
da vida
a prestação

Redondil

A
espera
da
fera
dá
volta
à
ex-fera
na
sala
de
espera

Mentirinha

– O que é hoje a minha
  vida sem você?
– A presença doce
  e opressiva
  de sua ausência!

No Ponto

Por muito menos,
deixei a uva doce,
a doce vida,
com tempo,
secar ao sol,
na gamela;
na hora de servir
a fruta-passa,
faltava o doce beijo,
o beijo dela.

Parlenda II

Na verdade
verdadeira
o que era bom
virou
bombom

o que era mau
virou
jornal

o que era os dois
feijão
com
arroz

Registro

O tempo
torce
retorce
distorce
a realidade
da lembrança
move-se

Amor Bandido

Anote o refrão
sem malícia:
quem não canta
seus males
espanca
seu bem
com carícia
de sons

Corrupio

A arte do político:
desfiar a cosedura
cosicar o descosido
remendar a seu feitio

Placebo

A seriedade é um bem
e um mal de cisos;
num caso e no outro,
prestes a sarar
com uma dose de risco.

Siameses

O bem em doses
amansa a feiura
do mal que é fero
o mal dosado
cansa a beleza
do bem que é belo

Trovinha

Quem parte leva saudade
quem fica saudade tem
quem parte não vai embora
quem fica parte também

Acento

A vida
dá voltas
na volta
da vida

Soleira

Sabiás sem canto
ainda
no canto do aconchego
do ninho da vida
prontos: para viver
para voar
para cantar

Planeta

Quem é
o irresponsável
por tudo isso?

Estação Pró-verbo

Antes tarde do que
sempre
aos domingos
quando voltava
nunca
para o recomeço
de quem cedo
madruga
não perde o trem
mas a esperança
de uma sintaxe
que dê sentido
à infância

Ética

Distinguir o bem do mal
o bem do bem
o mal-me-quer
o bemoral.

Wishful Thinking

Há tempos que não nos vemos
ou se não nos virmos jamais
quero encontrar-me conosco
nos contos de faz-de-conta
nas contas do faz-desfaz.

Pô!

After sex:
capitis diminutio

DEDO DE MOÇA

Humanimalismo

Olhe bem para o seu rabo
no sentido literal
de sua localização
ele não está lá
mas já esteve
e isso não é mau.

Dúvida Unânime

Se o estilo é o homem
um homem sem estilo
terá um estilo desumano?

Alhos e Bugalhos

O primeiro livro
que me pegou
pela mão
nunca mais
largou
do meu pé

Poética Também

O poema é feito
de folhas inúteis

Torcicolo

As palavras
se enroscam
no sentido
contrário
do dito
pelo
não dito

Patafísica

Nem vazio
nem cheio
só o processo
de esvaziar
e encher
pelo meio

Lavoisier Revisitado

Pelo saldo
na natureza crua
que para o homem
é também caldo
de cultura
nada se cria
nada se perde
tudo se consome

Humanitas

A humanidade do bem é
o mal
do mal é
o bem

Gramatiquinha

Onde vai o *bom*
vai também o *mau*
onde cabe o *bem*
cabe bem o *mal*

Forma e Substância

Uma coisa é uma
coisa
outra
coisa é outra
coisa
de tanta uma e outra
coisa
ninguém fala
coisa com coisa

Aviso

Os primeiros serão
os primeiros
os últimos
serão os últimos
os outros
só no próximo *show*

Singularidade

Todo homem tem ao menos
um direito
e uma esquerda
menos eu
que perdi minha mão
em São Simão

Peleja

Não meta os pés pelas mãos,
disse o treinador ao astro do momento!

Na dúvida se era uma ameaça,
uma ordem, uma advertência,
mesmo promessa, ou recomendação,
respondeu à altura com um tento:
contra o Reino Unido,
nas quatro linhas, estádio lotado,
o planeta vendo,
marcou um gol de copa do mundo,
com a mão.

Casuística

Incontestável no argumento,
sossobrou, contudo, na conclusão,
como uma vírgula fora do lugar da pausa
como uma derrota a tremular sem causa
fosse um apelo, sendo juramento,
e o que foi jurado fosse apelação.

Roda da Fortuna

Primeiro
ele foi Átila
rei dos hunos
depois
num átimo
súdito
de múltiplos

Galeria

Foto na parede
pendurada
a aranha tece o fio

Segurança

Não perca de vista
o horizonte
para não perder
no prazo
o
a perder de vista

Linear

A datação do tempo
é igual e diferente
segundo o passado
terceiro o futuro
primeiro o presente
nesta ou noutra ordem
não necessariamente.

Afinação

Preste atenção no compasso
na batida do sentimento
acerte a cadência do passo
com a vertigem cadente do tempo

Figuração do Tempo

Deitada na rede
a imagem presente
depõe no repouso
o passado e o ausente

Divã

Passar a vida
aos pulos
feito perereca
perseguida
pelas cobras
da obsessão

Gravidade

A maçã cai
e vira
lei

Antes já
era
pecado

Dedo de Moça

Dedo de moça
Beijo pimenta
Lábios de mel
Mole polenta

Dedo de moça
Onde é refresco
Se for no dos outros
é direito e avesso

Dedo de moça
Que ardido mais doce
Metido na boca
Como se fosse

Que ardido mais doce

Fantasminha Camarada

O amor chegou
como quem nada
ficou como
quer tudo
foi-se como
quê susto!

Do Amor Contrário

Não amei muitas mulheres
de verdade
a que amei
amei presente
a que lembrei
lembrei amando
a que deixei
deixou-me amada

Clichês

A propósito do amor
dois pontos:
o amor ao amor excede
salvo as exceções de praxe
inscritas na prosa
da sintaxe:
uma mão lava a outra
a que condena e a que afaga
o amor o amor renova
o amor com amor se apaga

Happy Hour

Vamos nos ver
no mesmo bar de sempre
sentar àquela mesa
de preferência escondida
falar mal da vida alheia
bem da vida própria
e ambos da própria vida

Compromisso

No ponto de reencontro
da dispersão
de cada dia
todos compareceram
à hora marcada
na data certa
no fim da tarde
do dia a dia

Arranjo Floral

A trepadeira
das culpas
enroscada
no girau
das saudades

Meio a Meio

Acordou, de manhã, de bem com a vida!
À noite, agradeceu por não ter acontecido
nada
que preenchesse o vazio desse sentimento.

Expedição

No ponto de volver
o caminho empertigou-se
endireitando as curvas de retorno.

Era seguir em frente
ou voltar sem consolo
em linha reta
contornando a terra
até perder de vista o esquecimento
como quem tropeça um pé noutro pé
e avança para chegar ao regresso.

Cantiga de Acordar

O lugar do dia
é o dia vindo
para o seu lugar
de dia posto
na crista da manhã
que o galo canta
para entardecer

Dernier Cri

O tempo tem também
esta propriedade
de nos impor a ilusão
de que somos o que sempre
fomos
o que estamos sendo
em última mão.

Título	Novos Poemas
Autor	Carlos Vogt
Editor	Plinio Martins Filho
Produção editorial	Aline Sato
Capa	Ateliê Editorial
Editoração eletrônica	Camyle Cosentino
Formato	14 x 21 cm
Tipologia	Bembo
Papel	Pólen Bold 90 g/m² (miolo)
Número de páginas	136
Impressão do miolo	Bartira
Impressão da capa	Nova Impress
Acabamento	Kadoshi